BEI GRIN MACHT SICH IHR WISSEN BEZAHLT

- Wir veröffentlichen Ihre Hausarbeit,
  Bachelor- und Masterarbeit

- Ihr eigenes eBook und Buch -
  weltweit in allen wichtigen Shops

- Verdienen Sie an jedem Verkauf

Jetzt bei www.GRIN.com hochladen und kostenlos publizieren

Bibliografische Information der Deutschen Nationalbibliothek:

Die Deutsche Bibliothek verzeichnet diese Publikation in der Deutschen National-
bibliografie; detaillierte bibliografische Daten sind im Internet über http://dnb.d-
nb.de/ abrufbar.

Impressum:

Copyright © 2013 GRIN Verlag
Druck und Bindung: Books on Demand GmbH, Norderstedt Germany
ISBN: 9783656723929

Dieses Buch bei GRIN:

https://www.grin.com/document/278820

Alexander Keck

Funktionale und instrumentale Unternehmensorganisation

GRIN Verlag

GRIN - Your knowledge has value

Der GRIN Verlag publiziert seit 1998 wissenschaftliche Arbeiten von Studenten, Hochschullehrern und anderen Akademikern als eBook und gedrucktes Buch. Die Verlagswebsite www.grin.com ist die ideale Plattform zur Veröffentlichung von Hausarbeiten, Abschlussarbeiten, wissenschaftlichen Aufsätzen, Dissertationen und Fachbüchern.

Besuchen Sie uns im Internet:

http://www.grin.com/

http://www.facebook.com/grincom

http://www.twitter.com/grin_com

Die Unternehmensorganisation

September 2013

Inhaltsverzeichnis

Einleitung und Begriffsabgrenzung

Durch die Globalisierung sind zu den bereits bestehenden Wettbewerbern innerhalb einer Volkswirtschaft weitere Wettbewerber gestoßen. Die wirtschaftliche Auslandsverflechtung und der internationale Austausch von Waren und Dienstleistungen hat in den vergangenen Jahrzehnten drastisch zugenommen. Gerade Branchen, welche eine hohe Exportquote aufweisen, müssen ihre Wettbewerbsfähigkeit somit ständig unter Beweis stellen - ein Effekt, der durch die Abhängigkeit der deutschen Wirtschaft vom Export noch verstärkt wird.

Für den Aufbau und Erhalt der Wettbewerbsfähigkeit von Unternehmen und ganzen Volkswirtschaften kann die Unternehmensorganisation den entscheidenden Beitrag leisten.

Um die Aufgaben des Wertschöpfungsprozesses innerhalb eines Unternehmens optimal erfüllen zu können, bedarf es eines Ordnungsrahmens dessen Gestaltung und Ausprägung Gegenstand der Organisation in Unternehmen ist. Diese Definition begreift die Tätigkeit der Gestaltung einer Organisationsstruktur ähnlich wie Planung und Kontrolle als eine **Funktion der Unternehmensführung**.
Als Alternative bietet sich der von Nordsieck geprägte **instrumentale Organisationsbegriff** („Die Unternehmung hat eine Organisation") an: „Organisation ist ein System geltender organisatorischer (betriebsgestaltender) Regelungen, deren Sinnzusammenhang durch die oberste Betriebsaufgabe gegeben ist. Organisation ist in diesem Sinne Betriebsstruktur."[1] Im Mittelpunkt des instrumentalen Organisationsbegriffs stehen somit Fragen der arbeitsteiligen Gliederung, der Übertragung von Verantwortung und Aufgaben auf die Mitarbeiter und die Beteiligung von Mitarbeitern an Entscheidungen.
Mit dem **institutionalen Organisationsbegriff** („Das Unternehmen ist eine Organisation"), welcher in den Sozialwissenschaften vorherrscht, werden verschiedene arbeitsteilige Institutionen, z.B. Krankenhäuser und Behörden, als Organisationen bezeichnet. Als Organisation können sich dieser Definition

---

[1] Nordsieck, F.: Rationalisierung, S. 76ff.

zufolge alle Institutionen bezeichnen, welche mit einem System welches durch formale Strukturen geprägt ist dauerhaft Ziele verfolgt. Als ein solches soziales System wird auch die Unternehmung zu einer Institution.

In der vorliegenden Hausarbeit habe ich mich insbesondere mit dem funktionalen und instrumentalen Organisationsbegriff auseinandergesetzt.

Unternehmensaufgabe (ist gekennzeichnet durch)				
↓				
Aufgaben innerhalb der Unternehmung				
↓				
Aufgabenmerkmale				
Strukturiert -heit	Veränderlichkeit	Häufigkeit	Ähnlichkeit	Spezifität
bestimmen/beeinflussen				
↓				
Organisatorische Variablen/Instrumente der Organisation				
Aufgaben - verteilung	Weisungs -rechte	Entscheidungs -rechte	Programmierun g	Mach t	Information / Kommuni- kation
↓				
Festlegung der Organisationsform				

Abb. 2: Von der Unternehmensaufgabe zur Organisationsform

Unternehmens- und Organisationsziele

Organisatorische Handlungen sind in der Regel mit bestimmten Zielsetzungen verbunden. Das allgemeine Ziel der Organisationsgestaltung ist eine Verbesserung der Ablauf- und Aufbauorganisation, wobei organisatorische Ziele angestrebte organisatorische Zustände darstellen. Es kann aufgrund vielfältiger Einflüsse auf die Ziele der Organisation kein einheitliches System von **Organisationszielen** geben – folgende allgemeine Organisationsziele finden sich jedoch im allgemeinen Zielsystem nach Welge[2] wieder:

- zweckmäßige Aufgabenverteilung (d.h. Aufgaben sollten Mitarbeitern so zugeordnet werden, dass sich die Anforderungen aus den jeweiligen Aufgabenstellungen und die Leistungsfähigkeit des Mitarbeiters decken),
- Harmonisation (d.h. man sollte die Organisation auf eine möglichst konfliktfreie innerbetriebliche Kooperation hin ausrichten),
- bedarfsgerechte Information und Kommunikation (d.h. Bereitstellung der nötigen Infrastruktur um die innerbetriebliche Information und Kommunikation möglich zu machen),
- Qualität der Entscheidung,
- umfassende Ressourcennutzung,
- Motivation und Zufriedenheit aller Stakeholder,
- angemessenes Verhältnis zwischen Flexibilität und Stabilität.

Unternehmensziele stellen die Grundlage für alle unternehmerischen Tätigkeiten und Entscheidungen dar und umfassen die der unternehmerischen Tätigkeit zugrundeliegenden Zielsetzungen. Die Festlegung von Unternehmenszielen ist die Voraussetzung für die Konkretisierung der Organisation sowie ihrer Ziele und Aufgaben.

Werden Unternehmensziele geändert, so hat sich die Organisation auf die veränderten Ziele, die veränderten Rahmenbedingungen und die damit veränderte Unternehmensaufgabe anzupassen. Eine einfache Korrelation zwischen den Unternehmenszielen und den Zielen der Organisation herzustellen ist allerdings nicht möglich, da sich die Wirkung von

---

[2] Welge, M.: Unternehmensführung, S.21

organisatorischen Maßnahmen auf die Unternehmensziele häufig nur schwer nachweisen lässt.

Die Ziele der Organisation sollten den definierten Unternehmenszielen nicht zuwider laufen sondern idealerweise in hohem Maße zu ihrer Erreichung beitragen; die Organisation gilt zu Recht als eine wichtige Disziplin der Unternehmensführung.

Klassifizierung von Unternehmensaufgaben

Von den Unternehmenszielen ausgehend werden zunächst Unternehmensaufgaben definiert, welche naeych folgenden organisationsrelevanten Merkmalen von Unternehmensaufgaben klassifiziert werden:

Strukturiertheit[3]
Ausmaß, in dem eine Problemstellung in exakte, einander eindeutig zuordenbare Lösungsschritte zerlegbar ist.

Veränderlichkeit[4]
Vorhersehbarkeit und Umfang von Aufgabenänderungen.

Häufigkeit[5]
Erwartetes Volumen der Arbeitseinheiten einer Aufgabenart.

---

[3] aus: http://www.controlling.bwl.uni-muenchen.de/studium/ws0910/puo_tu_ue/puo_t7_handout.pdf, 21.09.2013 14 Uhr
[4] Definition entnommen aus: http://www.controlling.bwl.uni-muenchen.de/studium/ws0910/puo_tu_ue/puo_t7_handout.pdf, 21.09.2013 14 Uhr
[5] Definition entnommen aus: http://www.controlling.bwl.uni-muenchen.de/studium/ws0910/puo_tu_ue/puo_t7_handout.pdf, 21.09.2013 14 Uhr

Ähnlichkeit[6]

Homogenität, technologische bzw. marktliche Verwandtschaft von Aufgaben.

Spezifität[7]

Differenz zwischen dem Nutzen, den eine Leistung beim geplanten Empfänger stiftet und dem Nutzen für den nächstbesten Empfänger. Je größer diese Differenz ist, desto höher ist die Spezifität.

Organisatorische Gestaltungsvariablen

Die jeweilige Ausprägung der Aufgabenmerkmale beeinflusst die Ausgestaltung der organisatorischen Variablen. Zu den organisatorischen Variablen bzw. Organisationsinstrumenten, deren genaue Definition letztlich zur Festlegung der gewählten Organisationsform führt, gehören folgende veränderliche Größen:

Aufgabenverteilung

Die Gesamtaufgabe des Unternehmens wird in Teilaufgaben zerlegt und nach Art und Menge auf die Mitarbeiter verteilt. Merkmale hierfür können Verrichtung, Objekt, Raum, Zeit und die benötigten Hilfsmittel (Sach- und Arbeitsmittel) sein.

Weisungsrechte

Anordnungsrechte der organisatorischen Einheiten werden definiert, häufig drücken sich in den Weisungsrechten auch Unter- und Überordnungsverhältnisse zwischen den organisatorischen Stellen aus.

Entscheidungsrechte

Der Umfang der Entscheidungsbefugnisse und die Delegation von Entscheidungsrechten wird festgelegt.

---

[6] Definition entnommen aus: http://www.controlling.bwl.uni-muenchen.de/studium/ws0910/puo_tu_ue/puo_t7_handout.pdf, 21.09.2013 14 Uhr
[7] Definition entnommen aus: http://www.controlling.bwl.uni-muenchen.de/studium/ws0910/puo_tu_ue/puo_t7_handout.pdf, 21.09.2013 14 Uhr

Programmierung bzw. Formalisierung

Regeln, Prozesse, Richtlinien und Kommunikationsabläufe standardisieren Aufgaben und Abläufe.

Macht

Der Einfluss, ein Verhalten anderer gegen deren Willen durchzusetzen, wird festgelegt.

Information/Kommunikation

Das Ausmaß und die Form der Kommunikation wird definiert.

Wesentliche Organisationskonzeptionen

Die Ausgestaltung der organisatorischen Gestaltungsvariablen wird in der Literatur durch Organisationskonzeptionen beschrieben, welche die typischen Ausprägungen der organisatorischen Gestaltungsvariablen in Modelle fassen. Die typischen Ausprägungen der organisatorischen Gestaltungsvariablen werden in der Literatur durch Modelle, welche als Organisationskonzeptionen bezeichnet werden, zusammengefasst.

In der vorliegenden Hausarbeit möchte ich kurz die wesentlichen Organisationskonzeptionen vorstellen und diese nach Effizienzgesichtspunkten einordnen.

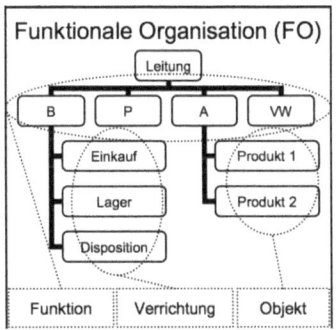

Abb. 3: Funktionale Organisation

Bei der **funktionalen Unternehmensstruktur** handelt es sich um die klassische Organisationsmöglichkeit, welche offiziell auch in unserem Schülerunternehmen zur Anwendung kam. Es handelt sich dabei um eine Arbeitsteilung unter Verrichtungsgesichtspunkten welche mit einem hohen Grad an Entscheidungszentralisation einhergeht.

Ein großer Vorteil der Verrichtungszentralisation liegt in der Tatsache, dass auf der zweiten hierarchischen Ebene Spezialisierungsvorteile erreicht werden können. Das hohe Maß an Erfahrung, routinierte Abläufe sowie die durch die Organisation gegebene Stabilität kann Synergieeffekte hervorrufen und damit zur kompetenten Wahrnehmung spezifischer Aufgaben dienen. Die klare hierarchische Strukturierung des Unternehmens bringt Vor- und Nachteile mit sich. Der hohe Grad an Fremdkontrolle, die fehlende Eigenverantwortung des Großteils der Mitarbeiter und die damit einhergehende sowie der hohe Formalisierungsgrad kann die Organisation lähmen und die Mitarbeiter demotivieren. Diese Organisationsform ist zudem wenig kundenorientiert, da bspw. die Produktion nur indirekt d.h. über die Marketingabteilung den Kontakt zum Kunden pflegt. Die Tatsache, dass die einzelnen Abteilungen relativ eigenständig handeln, kann zur Herausbildung von eigenen Zielen und Vorstellungen (den sog. Funktionsbereichsegoismen) führen: Der einzelne Mitarbeiter hat nicht mehr das Unternehmen als Ganzes im Blick. Auch bei einer rein funktionalen Unternehmensstruktur wird damit verstärkte Schnittstellenarbeit notwendig.

In der Praxis hat sich herausgestellt, dass die Funktionserfüllung, z.b. das Marketing, je nach Produkt und Markt sehr unterschiedlich gestaltet sein kann. Bei zunehmender Differenzierung der Produkte und Märkte eines

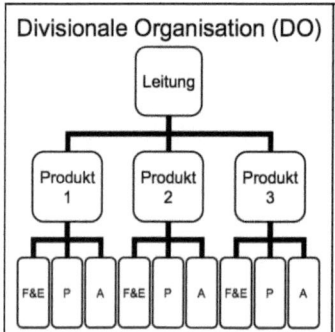

Abb. 4: Divisionale Organisation

Unternehmens stößt die funktionale Unternehmensorganisation somit schnell an ihre Grenzen. Eine Möglichkeit, dieses Problem zu umgehen, ist die objektbezogene Organisation des Unternehmens welche als **divisionale Organisation** bezeichnet wird. Als mögliche Objekte kommen dabei bspw. Produkte, Produktgruppen, Abnehmergruppen, Herstellungsprozesse oder Absatzregionen infrage. Die Divisionalisierung kann in sehr hohem Grad dazu führen, dass die einzelnen Geschäftsbereiche weitgehend autonom arbeiten; diese Entwicklung hat zum Begriff der Geschäftsbereichsorganisation geführt.

Häufig werden selbst wichtige Entscheidungen, auch auf strategischer Ebene und in Bezug auf Investitionen, über ein „Cost-Center-Konzept" bzw. ein „Investment-Center-Konzept" auf die einzelnen Geschäftsbereiche übertragen. In der Realität folgt auf die divisionale Organisation aus diesem Grund immer wieder die Holding-Struktur.

Da die Verantwortung des operativen Geschäfts in der Regel komplett von der Leitungsebene des Geschäftsbereichs getragen wird, erfolgt die Koordination von der Entwicklung bis zum Absatz häufig besser und schneller als bei funktionalen Organisationen wo der Umweg über die Geschäftsleitung in Kauf genommen werden muss. Die Geschäftsleitung wird somit entlastet.

Die Entscheidungsdezentralisation und die Objektorientierung sind in der Praxis jedoch meist nur in der ersten und zweiten Hierarchieebene spürbar. Auf den weiteren Hierarchieebenen weist die divisionale Organisation gegenüber der funktionalen Organisation eine sehr ähnliche Ausprägung der organisatorischen Variablen auf.

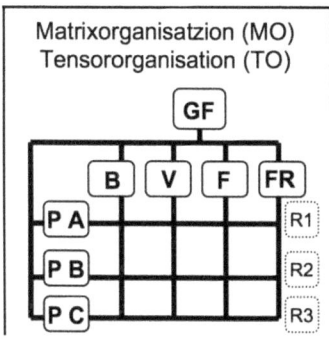

Matrixorganisatzion (MO)
Tensororganisation (TO)

Abb. 5: Matrixorganisation

Um komplexer werdenden Aufgabenstellungen gerecht zu werden, die nötige Flexibilität bieten zu können und die eigene Leistungsfähigkeit zu erhöhen wurde in den sechziger Jahren von der NASA die **Matrixorganisation** entwickelt, welche sich durch ihre Mehrdimensionalität auszeichnet. Ziel war es, Kompetenzen zu bündeln und sich gleichzeitig Synergieeffekte zunutze zu machen.

Grundsätzlich sind die Elemente der Matrix zwei Instanzen unterstellt, was als das System der dualen Führung bezeichnet wird. In der Regel erfolgt eine Kompetenzteilung zwischen Produktmanagern und Funktionsmanagern, jeder Mitarbeiter hat demnach zwei Vorgesetzte die auf unterschiedliche Themen (z.B. Tätigkeit und Region) spezialisiert sind. Hier sind klare Regelungen zur Aufteilung und Abgrenzung von Anordnungskompetenzen unbedingt nötig.

Der Vorteil der Delegation und Dezentralisation von Entscheidungen kommt darin zum Ausdruck, dass Probleme im Schnittpunkt zwischen den Einheiten direkt gelöst werden können.

Leider hat sich in der Anwendung häufig herausgestellt, dass die Synergieeffekte sehr viel geringer ausfallen als zunächst vermutet. Zudem birgt die Matrixorganisation aufgrund von konkurrierenden Kompetenzen und Kompetenzüberschreitungen ein hohes Maß an Konfliktpotenzial. Die Vielzahl an Schnittstellen und die doppelten Berichtswege können jedoch auch zu einer Verschwendung von Ressourcen führen. Die unterschiedlichen Interessen innerhalb der Matrixstruktur sind bis zu einem gewissen Grad jedoch gewollt da sie die Qualität von Entscheidungen fördern und zu einer höheren

Teamorientierung führen. Viele Entscheidungen werden somit innerhalb des mittleren Managements getroffen was eine Entlastung der Geschäftsleitung zur Folge hat.

Wie bereits erwähnt können die Mehrdimensionalität und die Kompetenzüberschneidungen die Matrixorganisation von einer umfassenden Ressourcennutzung abhalten. Bei der **Lean Organization** wird diesem Phänomen entgegengewirkt, indem alle unnötigen Arbeitsschritte abgebaut werden und die Verantwortung weitestgehend dahin delegiert wird, wo die Wertschöpfung am Produkt oder der Dienstleitung erfolgt. Ziel ist eine relativ autonome und schnittstellenarme Aufgabenerfüllung „aus einer Hand", es wird versucht die organisatorische Effizienz des Unternehmens nachhaltig zu steigern. Die geringe Anzahl an Hierarchieebenen („flache Organisation"), ein hoher Grad der Selbstkontrolle und –koordination, eine ausgeprägte Entscheidungsdelegation und ein geringer Grad an Arbeitsteilung führt zu einem Abbau an Schnittstellen.

Da bei der Lean Organization die Organisation auf die Wertschöpfungskette hin ausgerichtet ist, kann diese Organisationsstruktur auch aus Teams mehrerer Unternehmen bestehen was unternehmensübergreifende Kooperationen möglich macht.

Den Mitarbeitern wird bei dieser prozessorientierten Organisationsform eine höhere Selbstständigkeit zugemutet, was zu einer höheren Identifikation der Mitarbeiter mit ihrer Aufgabenstellung führen kann. Die Trennung von Entscheidung und Ausführung wird in hohem Maße aufgehoben was tendenziell die Qualität der Entscheidungen fördert. Da einige Sekundärfunktionen (wie z.B. die Qualitätssicherung) in die eigentliche Tätigkeit zurück integriert werden, werden Entscheidungen im Optimalfall in Kenntnis des Gesamtzusammenhangs getroffen. Der Personalabteilung kommt bei der Lean Organization eine besondere Rolle zu, da für diese Organisationsform, welche den Mitarbeitern große Freiheiten gewährt, geeignete Mitarbeiter zur Verfügung stehen müssen. Sie hat durch eine gute Personalbeschaffung und kontinuierliche Personalentwicklung demnach dafür zu sorgen, dass das Personal mit den benötigten Qualifikationsanforderungen bereitsteht und im Zweifelsfall einzelne Mitarbeiter durch andere ersetzt werden können.

Auch bei der **Geschäftsprozessorganisation** wird versucht, die Arbeit aus prozessorientierter Sicht zu organisieren - eigentlich zerschnittene Arbeitsschritte werden anhand der Wertschöpfungskette wieder zusammengefasst. Ein wichtiger Bestandteil dieser Organisationsform ist eine Verantwortungsdezentralisation und die Fokussierung auf den Kundennutzen, es werden dabei auch interne Abnehmer von Leistungen als Kunden bezeichnet. Die Kombination von Verantwortung und Kompetenz innerhalb einer Organisationseinheit, welche auf die wertschöpfenden Funktionen delegiert werden, kann zum Schnittstellenabbau zwischen den einzelnen Bereichen führen. Unter einer reinen Prozessorganisation versteht man eine Organisationsstruktur, welche die Entscheidungsrechte über Planung, Ausführung und Kontrolle eines Wertschöpfungsprozesses auf einen Prozessmanager (auch Case Manager) überträgt. Diese Prozessmanager begleiten einen Fall bzw. einen Kundenauftrag durch die gesamte Wertschöpfungskette was häufig zu einer Verbesserung der Kundenbeziehung führt.

Auch eine unternehmensübergreifende Zusammenarbeit, z.B. zwischen Zulieferern und Autoherstellern, wird durch die Geschäftsprozessorganisation relativ leicht möglich. Produktionsvorteile durch Spezialisierung können durch eine prozessorientierte Organisation jedoch nicht erreicht werden.

Organisationsstruktur bei own-advantage.boeblingen

Auf dem Papier handelte es sich bei own-advantage.boeblingen um ein Unternehmen mit funktionaler Unternehmensstruktur. In der Praxis wurden Aufgaben jedoch eher nach persönlichen Präferenzen und abteilungsübergreifend anstatt abteilungsintern verteilt. Hier galt es insbesondere das Gleichgewicht zwischen Flexibilität und Stabilität zu wahren. Für einige größere Projekte (z.B. den Banner an der Shell-Tankstelle) wurden zudem Case Manager ("Fallmanager") ernannt, welche für die Planung und Steuerung des jeweiligen Vorgangs selbst verantwortlich waren. Leider ergaben sich durch unterschiedliche Auffassungen von Zuverlässigkeit und Termintreue immer wieder Herausforderungen, welche durch eine zentrale Steuerung aller Unternehmensprozesse durch den Vorstand vermutlich hätten verhindert werden können. Zudem wurden einzelne Aufgaben, z.B. die Buchführung, dauerhaft an einen Mitarbeiter vergeben.

Allgemein haben wir als Vorstand versucht, die durch die Unternehmensgröße und die Gründung innerhalb der Schule gegebenen flachen Hierarchien zu nutzen und einen Großteil der Aufgaben der Unternehmensführung über demokratische Entscheidungen zu legitimieren. Dies geschah vor allem vor dem Hintergrund der gerade für ein unbezahltes Projekt unbedingt notwendigen Motivation der Mitarbeiter. Ein weiterer Beweggrund war der Versuch, allen interessierten Mitarbeitern eine Möglichkeit zur Teilhabe an der Entscheidungsfindung zu geben und gleichzeitig die Möglichkeit des "learning by doing" abteilungsübergreifend für sämtliche Mitarbeiter sicherzustellen. Durch unsere Teilnahme an der Diskussion und Meinungsbildung konnten wir, die wir innerhalb des Unternehmens großes Vertrauen der Mitarbeiter genossen, in der Regel von der Legitimationsmacht und der Sanktionsmacht absehen und den Gruppenentscheidungen volle Freiheit gewähren ohne die Kontrolle über die Unternehmensaktivitäten zu verlieren. Jeder andere Führungsstil wäre aufgrund der persönlichen Beziehungen zu den Mitarbeitern und der projektbasierten Arbeitsweise nur schwer möglich gewesen. Der Vorstand fungierte somit als koordinierende Ausführungs- und Leitungsstelle für die Gesamtheit des Unternehmens. Insbesondere zu Beginn des Jahres ergaben sich durch Fehler in der Informationsdistribution seitens des Vorstands immer wieder Probleme und ein gestiegener Koordinationsaufwand.

Zusammenfassend lässt sich feststellen, dass wir durch die relativ freie Interpretation unserer Unternehmensstruktur die für diese Unternehmensgröße nötige und angemessene Organisationsstruktur entwickelt haben.

Um den längerfristigen Erfolg des Unternehmens sicher stellen zu können, hätten wir jedoch die organisatorische Gestaltungsvariable „Programmierung" stärker nutzen und Prozesse standardisieren müssen um unseren Unternehmenstätigkeiten effizienter nachgehen zu können.

Quellen

Bildquellen

Abb. 1/Titelseite: aus urheberrechtlichen Gründen entfernt

Abb. 2: Von der Unternehmensaufgabe zur Organisationsform
Nach: Vorlesung der LMU München auf iTunes U/Prof. Dr. Dr. h.c. Hans-Ulrich
Küpper: „Grundlagen von Produktion und Organisation"

Abb. 3: Funktionale Organisation:
http://www.altizio.de/downloads/Planung%20und%20Organisation.pdf,
21.09.2013 14 Uhr

Abb. 4: Divisionale Organisation:
http://www.altizio.de/downloads/Planung%20und%20Organisation.pdf,
21.09.2013 14 Uhr

Abb. 5: Matrixorganisation:
http://www.altizio.de/downloads/Planung%20und%20Organisation.pdf,
21.09.2013 14 Uhr

Abb. 6/Anhang:
http://www.altizio.de/downloads/Planung%20und%20Organisation.pdf,
21.09.2013 14 Uhr

Internetquellen

Definition der Aufgabenmerkmale
http://www.controlling.bwl.uni-
muenchen.de/studium/ws0910/puo_tu_ue/puo_t7_handout.pdf, 21.09.2013 14
Uhr

http://wirtschaftslexikon.gabler.de/Definition/organisationsbegriff.html,
20.08.2013 18 Uhr

http://www.fh-ludwigshafen.de/rahn/downloads/PersonalfuehrungAlles.pdf, 20.08.2013 18 Uhr

http://wirtschaftslexikon.gabler.de/Definition/unternehmungsziele.html?referenc eKeywordName=Unternehmensziele, 20.08.2013 18 Uhr

http://www.rechnungswesen-verstehen.de/bwl-vwl/bwl/unternehmensziele.php, 20.09.2013 18 Uhr

http://www.edumedia.de/_files/demo602.pdf, 20.09.2013 18 Uhr

http://www.altizio.de/downloads/Planung%20und%20Organisation.pdf, 20.09.2013 18 Uhr

http://www.ibim.de/Orga-Site/downloads/Organisation-ppt-1S.pdf, 22.08.2013 14 Uhr

http://www.aib.wiso.tu-muenchen.de/neu/eng/content/publikationen/arbeitsberichte_pdf/TUM-AIB%20WP%20014%20Reichwald%20Moeslein%20Organisation.pdf, 22.08.2013 19 Uhr

http://de.slideshare.net/shidiwen/unternehmensorganisation, 06.08.2013 14 Uhr

Vorlesung der LMU München auf iTunes U/Prof. Dr. Dr. h.c. Hans-Ulrich Küpper: „Grundlagen von Produktion und Organisation"

Vorlesung der LMU München auf iTunes U/Prof. Dr. Dr. h.c. Hans-Ulrich Küpper: „Organisationsformen"

Vorlesung der LMU München auf iTunes U/Prof. Dr. Dr. h.c. Hans-Ulrich Küpper u. Dr. Philipp Beltz: „Organisationsformen (Forts.)"

Bibliographie

Klimmer, M.: „Unternehmensorgnisation: Eine kompakte und praxisnahe Einführung", Herne, 2012 (überarbeitete Auflage).